LOS CAMIONES DE BOMBEROS

POR LORI DITTMER

CREATIVE EDUCATION

Publicado por Creative Education
P.O. Box 227, Mankato, Minnesota 56002
Creative Education es una marca
editorial de The Creative Company
www.thecreativecompany.us

Diseño de The Design Lab
Producción de Dana Cheit
Dirección de arte de Rita Marshall
Traducción de TRAVOD, www.travod.com
Impreso en los Estados Unidos de América

Fotografías de Alamy (ZUMA Press, Inc.), Dreamstime (Ulrich
Mueller), iStockphoto (400tmax, Avatar_023, benoitb, Marc
Dufresne, FrankvandenBergh, KarenHBlack, MattGush, mizoula,
NickS, palinchakjr, ryasick, tazytaz, VCNW)

Información del Catálogo de publicaciones de la Biblioteca
del Congreso is available under PCN 2018931133.
ISBN 978-1-64026-104-4 (library binding)

9 8 7 6 5 4 3 2 1

United States

our **homes** are where
we **say**
hello.

Bright,

Tabla de contenido

Los camiones de bomberos son vehículos de rescate. Ayudan a la gente a escapar de los edificios y automóviles en llamas. Apagan los incendios. Los primeros camiones de bomberos eran tanques de agua tirados por caballos. Las personas bombeaban el agua a mano.

Los cuarteles de bomberos antes albergaban caballos. Ahora los camiones estacionan en el garaje.

Los conductores se detienen a un lado del camino para dejar pasar los camiones de bomberos.

Los camiones de bomberos de hoy funcionan con máquinas. Los camiones salen del cuartel de bomberos con urgencia. Encienden las luces intermitentes y las **sirenas**. Estas advierten a las personas que se mantengan fuera del camino.

sirenas dispositivos de advertencia que producen sonidos largos y fuertes

Los bomberos pueden cortar un agujero en el techo para dejar salir el calor y el humo.

Un camión de escalera lleva escaleras y otras herramientas para ayudar a los bomberos a entrar en los edificios. Este camión tiene una **escalera giratoria** en la parte superior. Puede alcanzar a los edificios altos.

escalera giratoria una plataforma circular que puede dar vueltas

El tanque de agua de un camión de bomberos contiene alrededor de 1.000 galones (3.785 l).

Un camión de bomberos también se llama autobomba. Tiene un tanque de agua y mangueras para incendios. Puede rociar agua hasta que los bomberos se conecten a una **boca de incendios.**

boca de incendios una tubería de agua vertical que se puede conectar a una manguera de incendios

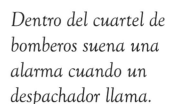

Dentro del cuartel de bomberos suena una alarma cuando un despachador llama.

Ante una **emergencia**, la gente en Estados Unidos llama al 911. Los **despachadores** responden la llamada. Les dicen a los bomberos a dónde ir.

despachadores personas que reciben mensajes y envían rápidamente servicios de emergencia donde sean necesarios

emergencia una situación peligrosa inesperada que exige acción inmediata

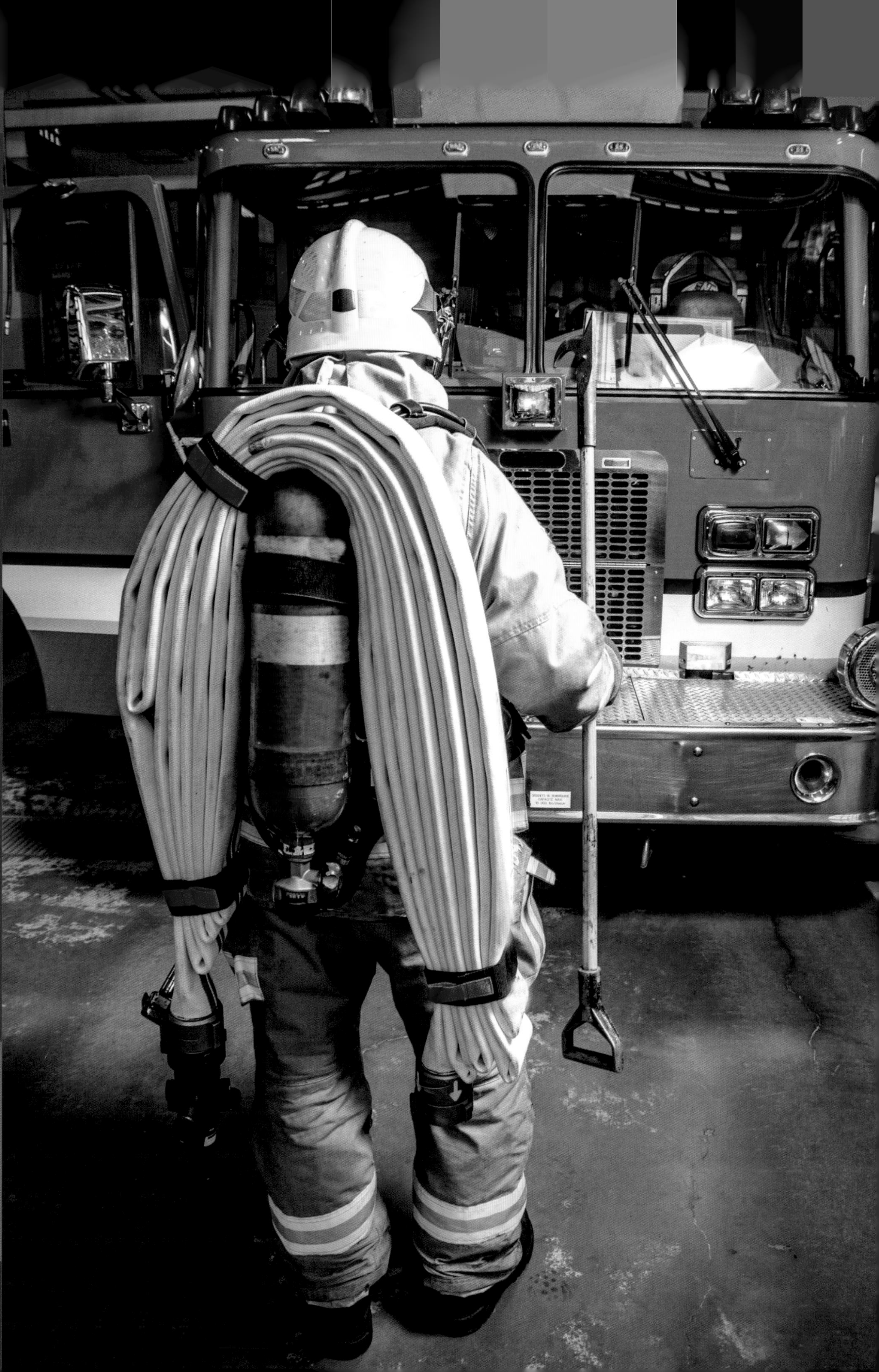

El equipo de un bombero generalmente pesa más de 50 libras (22,7 kg).

Los bomberos viajan en camiones de bomberos. Usan cascos y ropa ignífuga. Esto ayuda a protegerlos. Los bomberos cargan **matafuegos** y herramientas para entrar en los edificios.

matafuegos pequeños tanques que rocían espuma, gas u otros materiales para apagar incendios

Los camiones cisterna luchan contra los incendios forestales. Viajan a áreas donde la maquinaria más grande no puede llegar. Bombean agua mientras conducen. Los quíntuples ("quints") pueden hacer cinco trabajos. Tienen una bomba, tanque de agua, mangueras, escaleras comunes y una escalera giratoria. Los camiones cisterna llevan agua a lugares donde quizás no tengan una boca de incendio cercana.

Los incendios forestales son difíciles de apagar cuando hace calor y está seco.

Los bomberos mantienen sus camiones limpios y listos para salir. Hablan con los despachadores en una radio bidireccional. Van con urgencia a los accidentes e incendios. Ayudan en lugares donde se han derramado líquidos peligrosos.

Los bomberos pueden cerrar el área alrededor de un derrame para mantener a las personas a salvo.

Los camiones de bomberos combaten los incendios. Salvan vidas. La próxima vez que veas uno, intenta descubrir de qué tipo es. ¡Piensa en el increíble trabajo que está haciendo!

Los camiones de bomberos y otros vehículos de rescate se apresuran en las emergencias para ayudar a las personas.

Modelo de camión de bomberos

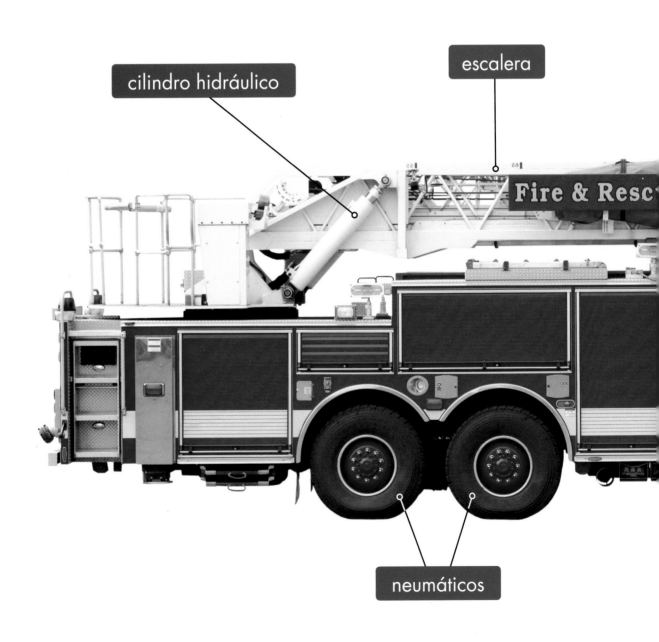

cilindro hidráulico

escalera

Fire & Resc

neumáticos

barra de luz

tanque

sirena

manguera

almacenamiento del equipo

cabina

Índice